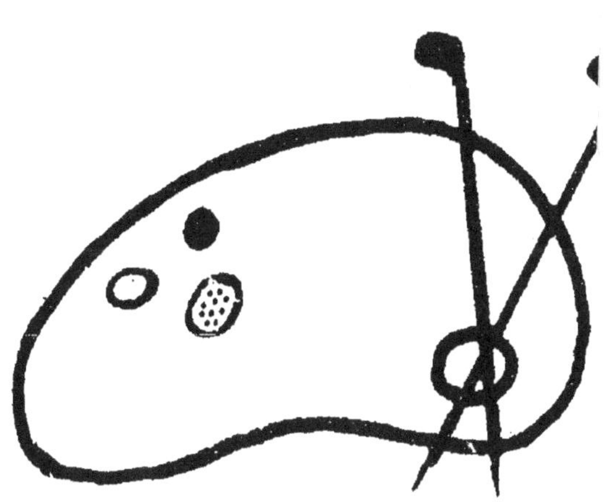

Début d'une série de documents
en couleur

RECHERCHES

SUR UNE STATUE COLOSSALE

D'HERCULE

DITE L'HERCULE MASTAÏ

PAR

M. Louis PASSY,

Membre titulaire de la Société impériale
des Antiquaires de France.

(*Extrait du XXXIe volume des Mémoires
de la Société impériale des Antiquaires de France*)

NOGENT-LE-ROTROU

IMPRIMERIE DE A. GOUVERNEUR

1869

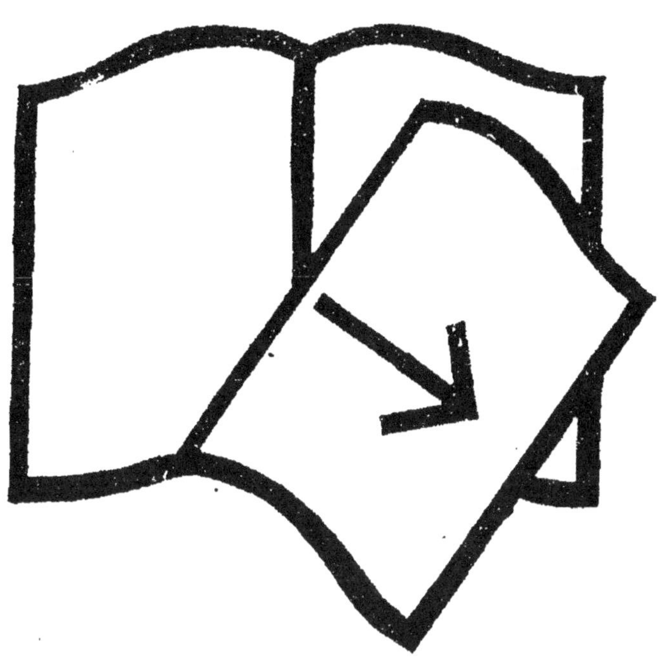

Couverture inférieure manquante

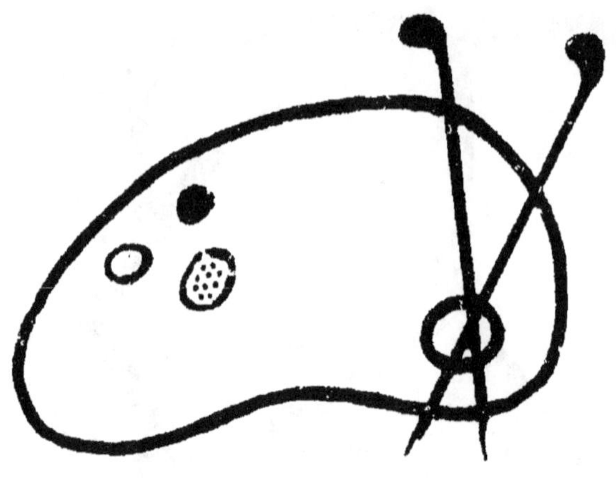

Fin d'une série de documents
en couleur

RECHERCHES

SUR UNE STATUE COLOSSALE

D'HERCULE

DITE L'HERCULE MASTAÏ

par M. Louis PASSY,

Membre de la Société impériale
des Antiquaires de France.

————◦◇◦————

NOGENT-LE-ROTROU

IMPRIMERIE DE A. GOUVERNEUR

1869

RECHERCHES

SUR UNE

STATUE COLOSSALE D'HERCULE

DITE L'HERCULE MASTAÏ.

———

Au mois de septembre 1864, on travaillait à agrandir le palais Pio que le chevalier Righetti possède sur la place Biscione à Rome. Tandis qu'on creusait la terre pour poser les fondements d'une construction nouvelle, apparut tout à coup un mur antique orné de pilastres. Devant ce mur s'étendait un pavage et s'élevaient deux piédestaux de forme carrée. Dans le mur étaient encastrés des morceaux de fer. Au pied gisaient des ossements humains et des débris de marbres rares. Ces marbres ornaient vraisemblablement les pilastres et le mur. A un ou deux pas, une fosse profonde s'étendait sous de larges dalles de peperin, qui formaient une espèce de voûte.

On fouille et l'on découvre une statue colossale de bronze doré enfouie dans une enveloppe de mortier. Le pied gauche manque, le crâne est brisé, les parties viriles arrachées. Renversée de son piédestal, cette statue est tombée sur le dos, et après avoir subi les derniers outrages, elle a été recueillie, cachée et secrètement ensevelie[1].

Haute d'environ quatre mètres, cette statue représente un Hercule jeune. La peau du lion de Némée reposait sur le bras gauche. La main gauche s'ouvrait pour montrer les pommes du jardin des Hespérides. La main droite pendante tenait la massue. La massue dont on a retrouvé quelques débris et les pommes ont été rétablies d'après les modèles antiques. La tête est légèrement inclinée, la bouche entr'ouverte. Les cheveux sont courts et ceints d'une bandelette. Aux joues fleurit un duvet naissant. C'est Hercule. Depuis longtemps on est d'accord sur les signes qui constituent le type du héros. La tête relativement petite, le cou gros et court, les cheveux épais et crépus, tous ces signes de la force et de la force herculéenne

1. Correspondance de Rome. 24 sept., 15 oct., 5 nov. 1864 et 21 janvier 1865. — Bullet. de l'Institut arch. 1864 et 1865. — Giornale di Roma du 27 sept. 1864. — Annales de l'Institut de correspondance archéologique, t. XL, p. 195. Discours prononcé au Capitole le 26 avril 1867 par J. de Witte. La statue colossale de bronze représentant Hercule, trouvée au théâtre de Pompée. Rome, 1868.

désignent Hercule aussi clairement que la massue
et les pommes du jardin des Hespérides.

I.

Le type d'Hercule a pourtant suivant les âges
et les pays, suivant l'inspiration artistique ou la
tradition religieuse, subi des altérations. Quelques
savants ont cru saisir dans notre Hercule le type
que lui attribuent les monnaies frappées dans la
Macédoine au quatrième siècle avant l'ère chrétienne [1], et groupant un certain nombre d'observations techniques qui ont leur importance, ils ar-
rivent à supposer que l'auteur de la statue d'Hercule a pris pour modèle un ouvrage grec de
l'école de Lysippe. Pour fortifier cette opinion, je
rappellerai que Lucien cite parmi les chefs-
d'œuvre de Lysippe, une statue d'Hercule en
bronze [2]. J'ajoute que les artistes romains avaient
précisément sous les yeux un ouvrage de Lysippe,
un Hercule colossal en bronze que Fabius Maxi-
mus avait enlevé de Tarente et placé dans le
Capitole [3].

Le type grec reconnu et peut-être le modèle

1. De Witte. Discours prononcé au Capitole. Rome, 1868,
p. 198 et 205.
2. Lucien, Jupiter Tragique. XLIV, 12. Ed. Didot.
3. Strabon. Liv. VI, ch. III. 81.

retrouvé, il faut encore essayer de déterminer l'époque où notre statue a pris naissance : or, nous savons que le respect des traditions grecques s'est perpétué dans des monuments qui figurent les exploits d'Hercule et qui appartiennent sans contredit au siècle des Antonins. Je citerai par exemple les sarcophages que possède le musée du Vatican et que dans le *Museo Pio Clementino*, l'illustre Quirinius Visconti attribue au deuxième siècle de notre ère. Hercule jeune y paraît à diverses reprises sous les mêmes traits et avec les mêmes caractères que dans notre statue de bronze, et nous pouvons conclure de cette comparaison, que la statue colossale d'Hercule représente un Hercule et qu'elle reproduit le type consacré à Hercule jeune sous les Antonins.

On a pensé toutefois que notre statue colossale appartenait à une époque plus ancienne, parce qu'elle est de meilleur style qu'un autre Hercule de bronze doré conservé au musée du Capitole. En effet, si l'Hercule du Capitole est contemporain de l'inscription gravée sur la base de bronze qui le supporte, cette dernière statue date de l'année de la mort de Titus. On a victorieusement réfuté cet argument en rappelant l'opinion d'épigraphistes éminents, qui n'appliquent pas à l'Hercule du Capitole l'inscription de son piédestal, et

1. Museo Pio Clementino, t. III, pl, XXXVIII et XXXIX, p. 74. — Clarac, t. II, n° 419, pl. 496.
2. Strabon. Livr. VI, ch. III, § 1.

laissent à la critique le droit de donner à cette statue une date très-postérieure ; mais l'Hercule du Capitole serait-il vraiment du temps des Flaviens qu'il n'en serait pas nécessairement meilleur qu'une statue du siècle des Antonins. Le mouvement artistique que provoquèrent Trajan et surtout Hadrien, Hadrien le restaurateur d'Athènes et l'admirateur passionné de la civilisation grecque, dut pousser l'art romain appliqué au culte dans l'imitation plus fidèle des beaux types qu'avaient immortalisés les Phidias et les Lysippe.

La dorure de l'Hercule Mastaï est d'une éclatante beauté. Ni les chevaux de Venise, ni l'Hercule du Capitole, ni la statue de Lillebonne, ne peuvent soutenir la comparaison. Sous l'Empire, la question de la dorure ne mérite pas la discussion. Déjà, sous la République, on dorait le bronze. Vitruve, qui semble avoir vécu sous Auguste, parle des statues de bronze doré, qui, suivant la mode toscane, ornaient à Rome les frontons des temples de Cérès et d'Hercule [1]. Caligula avait donné l'ordre de placer dans le temple de Jérusalem sa statue en bronze doré [2]. Néron fit dorer une statue en bronze de Lysippe [3].

Quant à l'époque et au style de l'ouvrage, il n'est point aisé de s'entendre. Les uns signalent cer-

1. Vitruv. De architect. III. 2.
2. Philo. Ad Caïum. § XVII.
3. Pline. Hist. nat. XXX, 8, 9.

taines analogies entre la statue célèbre de Pompée conservée au palais Spada et notre statue d'Hercule, et tirent de ces analogies mêmes des motifs pour faire remonter notre Hercule aux derniers temps de la République[1]. Les autres, et à mon avis avec beaucoup plus de raison, soutiennent qu'on ne peut guère comparer à ce point de vue des ouvrages en bronze et des ouvrages en marbre et remarquent qu'en prenant un type grec pour modèle et en traitant la statue suivant la tradition, l'artiste n'en a pas moins commis des fautes de proportion et de goût qui révèlent l'affaissement de la décadence[2]. Toutes ces réflexions nous fortifient dans notre première impression et nous conduisent à considérer notre Hercule comme le dieu Hercule lui-même, et cette statue comme une œuvre de la fin du siècle des Antonins.

Ceci dit, les difficultés commencent.

II.

Si l'Hercule de bronze doré est véritablement le dieu Hercule lui-même, comment et pourquoi sa statue a-t-elle été renversée, déshonorée et ensevelie? L'endroit où cette statue a été décou-

1. De Witte, p. 207, note B.
2. De Witte, p. 199. — Visconti, Iconographie romaine, pl. V, n° 1 et 2.

verte ne pourrait-il pas fournir un argument ou une solution? Première question.

Le théâtre de Pompée a été longtemps et est encore un des points les plus obscurs de la topographie romaine. Cependant, on paraît d'accord pour placer ce théâtre sur l'emplacement qu'occupent aujourd'hui le Palazzo Pio, la place Biscione, l'église de Saint-André-du-Val et la voie des Chiavari. Pompée dédia ce théâtre en 698. Jusqu'alors les censeurs, craignant probablement que le goût des spectacles n'envahît et ne corrompît les mœurs romaines, avaient défendu de construire des théâtres en pierre. Pour éluder cet ordre, Pompée plaça au sommet des gradins, vis-à-vis de la scène, un petit temple qu'il dédia à Vénus Victrix, de telle sorte que les gradins de pierre pouvaient passer, avec un peu de complaisance, pour les degrés du nouveau temple. D'autre part, Pompée construisit en bois le théâtre lui-même et, lorsqu'il l'inaugura, il prétendit hardiment dédier un temple à Vénus [1]. Le théâtre en bois, c'est-à-dire la scène, fut détruit peu de temps après dans un violent incendie. Auguste et Tibère travaillèrent à restaurer le théâtre de Pompée que Caligula acheva et dédia [2]. Suétone raconte que l'empereur commença par monter au temple de Vénus Victrix et, après avoir fait

----

1. Tertullien. De spectaculis, X.
2. Tacite. Ann. III, 73, et VI, 145. — Suet. Tibere 47.

les supplications, il descendit en traversant l'enceinte, devant toute l'assemblée silencieuse et assise, prit place sur un tribunal élevé dans l'orchestre et donna le signal des jeux de la dédicace[1]. Or, les savants qui ont étudié la topographie de Rome et qui ont constaté les premiers la découverte de la statue d'Hercule, déclarent que la statue gisait dans l'emplacement même du temple de Vénus Victrix. Si cette opinion est fondée, rien n'est plus aisé que d'expliquer dans ce temple la présence d'une statue d'Hercule. De même que Vénus était la déesse protectrice du théâtre, Neptune le dieu protecteur du cirque, Hercule était le dieu protecteur de l'amphithéâtre, et quand le culte d'Hercule devint pour ainsi dire un culte impérial, il est tout naturel qu'un empereur ait fait, dans le théâtre, élever une statue au héros qu'il avait pris pour son modèle et son patron. Cependant il faut tenir grand compte des restaurations et des embellissements accomplis dans le théâtre de Pompée, et il ne faut pas croire qu'une statue découverte dans les ruines du théâtre de Pompée soit, par cela même, contemporaine de Pompée lui-même ; car la statue (on l'a déjà remarqué avec autorité), a été trouvée presque au niveau du sol antique, sous une carapace de pierres et de mortier. Si elle avait été renversée et enfouie dès le temps de Pompée, comment les ouvriers qui

---

1. Suet. Caligula. XXI.

ont restauré son théâtre sous les empereurs,
n'ont-ils pas remué le sol en réparant le pied
des colonnes, renversé les piédestaux et découvert
notre statue d'Hercule?

J'avoue cependant que cette opinion, au premier abord, est assez séduisante[1]. Quoi de plus
naturel que d'attribuer à Pompée l'érection, dans
son théâtre, d'une statue dorée d'Hercule? Cette
statue ne porte-t-elle pas le cachet de l'art grec?
Ne savons-nous pas qu'une statue en bronze
d'Hercule était un des chefs-d'œuvre de Lysippe?
Non loin du grand cirque, Pompée n'avait-il pas
fait bâtir un temple à son héros, et la statue qui
ornait ce temple n'était-elle pas un ouvrage du
célèbre Myron? Quel mot d'ordre Pompée avait-il
donné à la bataille de Pharsale, si ce n'est :
« Hercules invictus »? Le triomphateur des pirates
ne rendait-il pas au vainqueur des monstres et des
géants un culte particulier[2]? Voilà d'excellentes
raisons pour prouver que la statue d'Hercule pouvait faire, dès le temps de Pompée, très-bonne
figure dans quelque partie du théâtre de Pompée;
mais ces raisons laissent dans la plus profonde
obscurité le mystère de la mutilation et de la
sépulture.

Il me paraît impossible d'admettre que cette

1. Visconti. Correspondance de Rome du 21 janvier 1865.
— De Witte. Comptes-rendus de l'Académie des Inscriptions
et Belles-Lettres, 1867, p. 293 et suiv.
2. De Witte. Discours lu au Capitole. Paris, 1867, p. 12.

mutilation et cette sépulture se rattachent à la
victoire de César. A la nouvelle de la bataille de
Pharsale, les Romains enlevèrent les statues de
Sylla et de Pompée qui ornaient les Rostres; mais
Dion Cassius ajoute : « on ne fit rien de plus. » [1]
Suétone est encore plus explicite : « C'est surtout,
» dit-il, pendant la guerre civile et après ses
» victoires que César fit admirer sa modération
» et sa clémence.... Il releva même les statues de
» Sylla et de Pompée que le peuple avait abattues. » [2]
Notez enfin qu'il s'agit des statues de Pompée et
non des statues d'Hercule, que les Romains étaient
encore trop religieux et trop amoureux des arts
pour profaner la statue d'un dieu qui passait pour
le dieu protecteur d'un héros vaincu, que César
lui-même disputait à son rival le culte de son
héros, et que, jeune encore, il avait composé en
vers *les louanges d'Hercule* [3], qu'autre chose enfin
est d'abattre une statue ou de la déshonorer, et
que rien dans l'histoire de cette époque n'autorise
à croire aux violences dont l'Hercule Mastaï a été
la victime.

Si le peuple renversa vraiment une statue
d'Hercule et poussa la fureur jusqu'à en tenailler
et à en arracher les parties viriles, il faut que
cette fureur ait eu le caractère de représailles.
Ainsi, quand on assassina Caligula, plusieurs

1. Dion Cassius. XLII, 18.
2. Suétone. César, LXXV.
3. Suétone. César, LVI.

conjurés lui enfoncèrent le fer dans les parties honteuses : « *Quidam*, dit Suétone, *per obscœna* « *ferrum adegerunt*[1]. » L'outrage infligé au cadavre de Caligula fut infligé à la statue d'Hercule. La mutilation des parties viriles est un trait des mœurs romaines, et Domitien nous en fournit un nouvel exemple, lorsqu'il ordonna de brûler les parties viriles des complices d'Antoine[2]. Une explosion de la colère populaire expliquerait tout. La foule se précipite sur la statue d'Hercule. Frappe-t-elle le dieu révéré dans les temples voisins? Non. Elle frappe l'empereur qui a usurpé ses hommages en usurpant les traits et les attributs d'un dieu; et en effet, des empereurs osèrent se déclarer dieux; d'autres empruntèrent leurs attributs et leur culte; d'autres se contentèrent du rôle de divinité terrestre[3]! Jetons un coup-d'œil sur l'histoire de la mythologie impériale et nous reconnaîtrons aisément quels empereurs ont usurpé les attributs d'Hercule, et quel empereur la statue de notre Hercule peut cacher, sans le représenter.

III.

L'usage de regarder les rois comme des dieux

1. Suet. Caligula. LVIII.

2. Suet. Domit. X. « Immisso per obscœna igne. »

3. De Witte. Revue de numismatique. 1844, t. IX, p. 351 et suiv., et 1845, t. X, p. 266 et suiv.

humains était répandu dans tout l'Orient, lorsque la Grèce, dans la personne d'Alexandre et de ses lieutenants, s'y installa. Quoique l'oracle d'Ammon eût reconnu dans le fils de Philippe le fils de Jupiter, les Grecs ne purent jamais prendre au sérieux l'apothéose d'Alexandre vivant. Le dieu mourut, laissant à ses lieutenants ses royaumes et son exemple. Ils prirent tout à la fois. Les Ptolémées et les Séleucides s'attribuèrent les priviléges dont jouissaient sans doute les Pharaons, et les empereurs romains à leur tour ramassèrent dans le butin de l'Orient vaincu cette forme suprême de l'adulation. A Athènes rien de semblable n'avait eu lieu ; rien à Rome avant César. Je ne parle pas de Romulus qui, sous le nom de Quirinus, avait été mis par les Romains, comme Hercule et Bacchus par les Grecs, au rang des dieux[1], mais je parle des grands citoyens de la République, qui s'étaient contentés d'être des hommes et dont les statues triomphales ornaient les portiques du Forum d'Auguste[2]. César reçut le premier, par décret du sénat, tous les honneurs divins et humains[3]. Le poignard de Brutus lui ravit la royauté, mais lui donna l'apothéose.

Instruit par cette sanglante leçon, Auguste accepta le titre de « princeps » et refusa celui de « dominus. » Il ne permit pas qu'on lui élevât un

1. Julien. Les Césars. II.
2. Suet. Aug. § XXXI.
3. Suet. César. § LXXXIV.

temple, même en Asie, à moins que le temple ne fût dédié en même temps à la déesse Rome. Sous cette prudence avisée, Auguste cachait l'ambition d'être mis au rang des dieux. Il mourut, assuré que la grande comédie de son principat se terminerait par une apothéose. La peur interdit à Tibère une semblable espérance. De son temps, on disait toutefois dans le Sénat : « *principes quidem instar Deorum esse* [1]; » Mais Tibère réprimandait aigrement ceux qui, par flatterie, appelaient ses fonctions « divines » et lui donnaient le titre de maître [2]. Un jour même que l'Espagne sollicitait l'honneur d'élever un temple à l'empereur et à sa mère, Tibère s'expliqua nettement. Il affecta son aversion pour un pareil culte. « Il y » aurait trop d'orgueil, dit-il, à se faire consa- » crer dans les provinces sous l'image d'une » divinité, et les honneurs décernés à Auguste » s'aviliraient s'ils étaient prostitués à toutes les » adulations [3]. »

Je laisse à penser quel coup la folie de Caligula porta au cœur des Romains qui étaient encore Romains. Le peuple, le sénat, Rome enfin, résistaient aux traditions que les Ptolémées et les Séleucides avaient laissées vivantes dans tout l'Orient. On ne dédaignait pas encore de prendre certains ménagements pour mettre en règle les

1. Tacite. Ann. liv. III, § XXXVI.
2. Tacite. Ann. liv. II, § LXXXVII.
3. Tacite. Ann. liv. IV, § XV.

intérêts du ciel et de la terre, et expédier, avec
des certificats réguliers, les empereurs dans le
séjour des dieux immortels. Caligula se chargea
de dissiper les illusions des formalistes. Il se déclara dieu ; il institua les rites, il organisa le culte,
il choisit les prêtres du nouveau Jupiter latin, et
pour vivre en meilleure intelligence avec son col-
lègue Jupiter Capitolin, il fit construire, par dessus le temple d'Auguste, un pont qui reliait le
mont Palatin et le Capitole. Il est vrai que, se
souvenant peut-être des fables qui prêtaient à
Alexandre le Grand le ridicule de s'être déguisé en
Hercule, en Jupiter Ammon, en Mercure et même
en Diane, il avait paru en public sous les costumes
d'Hercule, de Bacchus, de Mercure, d'Apollon, de
Vénus même[1]. Sa spécialité était pourtant le Jupiter avec la barbe dorée, et le foudre du maître
des dieux lui paraissait plus digne de lui que la
massue d'un simple héros. Jupiter-Caligula n'en
fut pas moins assassiné, et, qui pis est, lui mort,
le sénat délibéra s'il n'abolirait pas la mémoire des
Césars et ne détruirait pas leurs temples. Vaine
et tardive colère ! Les Césars se succèdent et

---

1. Athénée. liv. XII, ch. IX. Cf. le témoignage de Flavius
Josephe et la relation si curieuse de l'ambassade de Philon
(Philo ad Caium, § 43), notamment le § 17, où l'on voit Caligula commander sa statue colossale en bronze doré pour le
temple de Jérusalem. Au § 12, Philon nous apprend que la
statue du dieu Caïus devait être consacrée sous le nom du
nouveau Jupiter : ZEΥΣ επιφανὴς ΝΕΟΣ.

reprennent le chemin des honneurs célestes. Agrippine envoie Claude rejoindre les Dieux humains dans cette région vaporeuse qui entoure la lune et dans laquelle le pauvre fou devait retrouver et attendre divine et impériale compagnie[1].

Il semble que Néron, dans le feu de la jeunesse, ait hésité entre le rôle d'Hercule et le rôle d'Apollon. Voyez la statue d'un Hercule enfant : ce n'est pas toujours Hercule, c'est parfois aussi Néron Hercule. C'est Néron qui entretiendra des lutteurs dans son palais, et qui enrichira les athlètes[2]! C'est lui qui voudra étouffer un lion dans ses bras ou l'abattre avec la massue d'Hercule[3]! C'est lui que la ville de Patras couronnera d'une couronne de rayons, et appellera Hercule Auguste[4], et quand il reviendra de Grèce, il entrera sur le char triomphal d'Auguste aux acclamations du peuple et du Sénat. « Vive le vain- » queur des jeux olympiques! Vive le vainqueur » des jeux pythiques! Auguste! Auguste! Néron » Hercule! Néron Apollon! »[5] Et en effet l'athlète cachait un artiste. L'artiste jette la peau de lion et prend la cithare. Hercule devient Apollon! Ce n'est pas assez. « Je trouve, dit Tacite dans les

1. Julien. Les Césars. § 2.
2. Suet. Neron. § XLV. et Galba. XV.
3. Suet. Neron. § LIII.
4. Eckhel. Doctrina numorum, II. p. 237. — Mionnet. *Description de médailles*, II. p. 193. n° 334.
5. Dion Cassius. LXIII. 20.

2

» Mémoires du Sénat, que Cerialis Anicius,
» consul désigné, proposa de faire ériger un
» temple au divin Néron, *divo Neroni,* » et Tacite
ajoute qu'on vit dans cette proposition un présage fatal, car on n'accorde aux princes les honneurs des dieux que lorsqu'ils ont cessé de vivre
parmi les hommes : « *nam Deorum honor principi*
» *non ante habetur quam agere inter homines*
» *desierit* [1]. » La religion payenne trouvait aussi
absurde de mettre des vivants au rang des dieux
que la religion chrétienne de les mettre au rang
des saints. C'est pourtant contre cette règle de
bon sens que s'acharnèrent la bassesse des hommes et la folie des princes.

Les premiers Flaviens, Vespasien et Titus
avaient trop d'esprit et de bon sens pour ne pas
attendre avec confiance le jour de l'apothéose.
« Hélas, s'écria plaisamment Vespasien au début
» de sa dernière maladie, je crois que je deviens
» dieu[2]! *Vœ! puto, Deus fio!* » Il le devint en
effet, et Titus aussi, mais après la mort et très-
légalement. Domitien éleva à son père, à son
frère, et probablement à lui-même, un temple
« templum Flaviæ gentis » au service duquel il
affecta un nouveau collége de prêtres[3]. Bâti sur
l'emplacement de la maison où Domitien était né,

---

1. Tacite. Ann. liv. XV, § LXXIV.
2. Suet. Vesp. § XXIII.
3. Martial, liv. IX, 2, 21, 35.

recouvert de marbre et d'or, ce temple servit de tombeau à Vespasien et à Titus[1], et comme disait Martial, ce temple est le ciel lui-même[2]:

« Invicta quidquid condidit manus, cœlum est. »

Fils et frère de dieux, Domitien pouvait bien se croire dieu lui-même. Eutrope dit que, le premier, il se fit appeler seigneur et dieu[3]. Il avait introduit dans la correspondance officielle de ses intendants cette formule : « *Dominus et Deus* » *noster hoc fieri jubet*[4]. » Aussi Martial, en vingt endroits différents, se conforme à ces ordres impies :

« Pro tanto quœ sunt improba vota Deo ?[5] »

Suétone nous apprend que, reprenant sa femme dont il s'était séparé, il se servit de l'expression consacrée pour désigner le lit des dieux : « *voca-* » *tam eam in pulvinar suum*[6]. » L'univers entier chantait les louanges du dieu César :

« Qui fingit sacros auro vel marmore vultus,
» Non facit ille Deos : qui rogat, ille facit[7]. »

Mais si la divinité de Domitien était célébrée par la peur et la flatterie,

1. Martial. Epigr. liv. IX, 35.
2. Martial, liv. IX, 2.
3. Eutr. liv. VII, 23.
4. Suet. Domit. § 13.
5. Martial, liv. IV. 1. — Cf. Dion Cassius, LXVII, 13.
6. Suet. Domit. § XIII.
7. Martial. Liv. VIII. 24.

« Numen habet Cæsar : sacra est vis, sacra potestas. »[1]

elle n'était pas, de son vivant, consacrée par les lois, puisqu'à sa mort les soldats voulurent contraindre le sénat à le mettre au rang des dieux.

Ce n'est point sans raison que j'insiste sur le caractère de la divinité de Domitien, sur le caractère du dieu César. Martial nous apprend, dans deux épigrammes célèbres, que le dieu César consentit à prendre les traits et les attributs d'Hercule, mais il ne faudrait pas croire que Domitien ait été régulièrement et solennellement identifié avec cette divinité. Dans la première épigramme, Martial dit : « César, ayant daigné descendre jus-
» qu'à prendre les traits du grand Hercule, fondâ
» un temple nouveau sur la voie latine, à l'endroit
» où le voyageur, qui va visiter le bois sacré de
» Diane, compte huit milles entre ce bois et Rome.
» Avant, Alcide était honoré par les prières des
» mortels et par le sang des victimes ; c'est lui-
» même qui honore maintenant un Alcide plus
» grand que lui. [2] »

Dans la seconde, Martial s'adresse à Hercule et lui déclare tranquillement que « s'il avait eu les
» traits et le port du dieu César, le monde n'eût
» pas été témoin de son obéissance au tyran de
» l'Argolide et de sa soumission à son cruel des-
» potisme [3]. »

1. Martial. De spect. I. 35.
2. Martial, liv. IX, 65.
3. Martial, liv. IX, 66.

On peut s'étonner que Domitien ait fondé ce temple à huit milles de Rome, sur la voie Appienne, et qu'il ait pris à cette occasion les traits ou les attributs d'Hercule ; car Martial semble dire qu'en cet endroit seulement, Domitien, le plus grand des Hercules, était l'objet d'un culte ; mais Stace a, pendant toute une silve, célébré les embellissements et les restaurations de la voie Appienne qu'il appelle la voie Domitienne[1], et Martial s'écrie dans une autre épigramme :

« Voie Appienne, dit-il, toi que consacre César
» sous les traits vénérés même d'Hercule, toi la
» plus illustre de toutes les voies de l'Ausonie, si
» tu veux connaître les exploits du premier Al-
» cide, écoute-moi... » et, après avoir énuméré les travaux d'Hercule : « voilà, dit-il, ce qu'a fait
» le moins grand des Hercules. Apprends mainte-
» nant les hauts faits du plus grand, de celui
» qu'on adore à six milles d'Albe, » et il énumère les principales actions de Domitien [2]. « C'est trop
» peu, reprend-il, de la divinité d'Hercule pour
» de si grandes choses, c'est au Jupiter du
» Capitole que le Dieu César doit emprunter ses
» traits : »

« Herculeum tantis numen non sufficit actis;
» Tarpeio Deus hic commodet ora patri[3]. »

1. Stace, liv. IV, III.
2. Martial, lix. IX, 102.
3. Martial, liv. IX, 102.

Si donc, le dieu César était adoré à six milles d'Albe avec les attributs d'Hercule, c'est qu'il en avait comme renouvelé les exploits, en restaurant la voie Appienne; mais à Rome même, Domitien n'était pas représenté sous les traits du héros qu'il avait dépassé. Il ne trouvait que Jupiter qui lui parût digne d'être égalé. Parlant d'un buste du dieu César, Martial s'écrie :

> « Hœc mundi facies, hœc sunt Jovis ora sereni;
> » Sic tonat ille Deus quum sine nube tonat [1]. »

Domitien honora donc Hercule comme il honora Junon, Apollon, Castor et Pollux; mais beaucoup moins que Jupiter Capitolin et Minerve. Il voulait passer pour le fils de Minerve, et il séjournait volontiers sur le mont Albain où il avait élevé des autels à cette déesse. Il y avait institué des jeux et des cérémonies. Il y avait créé un collége de prêtres [2]. Minerve était à ce point sa déesse protectrice qu'il en portait la cuirasse et l'égide, et qu'il s'était fait représenter à cheval, tenant sa statue à la main.

> « Pallada prætereo,

dit Martial,

> res agit illa tuas [3]. »

Que le fils adoptif de Pallas, entouré du collége

1. Martial, liv. IX, 25.
2. Suétone. Domitien, IV, V, XV.
3. Martial, liv. IX, 4.

des prêtres Flaviens et des prêtres de Minerve
Albaine, présidât aux jeux et aux concours insti-
tués en l'honneur de Jupiter Capitolin ou de la
Pallas Césarienne [1], soit ; mais n'oublions pas que
Domitien était le dieu César, et qu'il ne se serait
pas abaissé jusqu'à faire l'Hercule d'amphithéâtre.
Une épigramme de Martial interprétée par l'exemple infâme de Commode pourrait faire croire que
dans Rome elle-même Domitien rivalisât avec le
bestiaire Carpophore [2], et que vainqueur il s'était
érigé à lui-même les statues d'un Hercule impérial.
Non. L'âge avait donné au fils de Vespasien une
obésité qui l'eût détourné des mâles exercices
du corps, quand bien même il n'eût pas été livré
depuis longtemps à des passions de volupté. à des
fantaisies d'artiste, à des prétentions d'homme de
lettres. Son embonpoint lui rendait pénible la
moindre fatigue. Il avait fini par ne plus marcher
et se faire porter en litière. Quel bel Hercule ! et
que de motifs pour éviter toute comparaison iro-
nique avec le Dieu de la force corporelle ! Ce n'est
donc pas à Rome que Domitien pouvait être et fut
représenté en Hercule (Stace et Martial nous l'eussent redit vingt fois), mais, par hasard, en dehors
de Rome [3], et pour consacrer une grande œuvre
d'utilité publique [4].

1. Martial, liv. V, 1, liv. VIII, 1. « Pallas Cæsariana. »
2. Martial. De spect. § 17, 23, 30.
3. Martial, liv. V, 65.
4. Carlo Fea. Miscellanea Filologica. Roma 1790. Aldroandi

Au point où nous avons conduit l'histoire de la mythologie impériale, à la chute des Flaviens, l'empereur vivant est une divinité « Numen. » Encore quelques années il sera Dieu « Deus. » Le contraste des mœurs orientales et des traditions romaines n'est pas effacé. A Rome, Hadrien refait le bon mot de Vespasien : « J'ai adopté un Dieu et non un fils »[1] et quand il visitera l'Orient, il érigera des autels et se construira des temples. Plutarque critique cet usage de donner aux rois des noms de divinité : « Beaucoup de rois ne s'ap-
» pellent-ils pas Apollon s'ils gazouillent de petits
» vers, Bacchus s'ils s'enivrent, Hercule s'ils s'exer-
» cent à la lutte ? »[2] Lucien intente un procès aux Dieux et les condamne à s'accuser les uns les autres pour le plus grand plaisir des vils mortels : et dans le même moment, Trajan reçoit le titre de Ζευς φιλιος,[3] Adrien de Ζευς νεος, Antonin le pieux de νεος Διονυσος[4], Marc-Aurèle et Verus de νεοι Διοσκουροι[5]. En ajou-

cite en 1562 au palais Carpi un Domitien nu, colossal, tenant à la main gauche la peau de lion, p. 307; mais nous ne savons où ce Domitien est passé, et il est fort probable que c'était simplement un Hercule. Les traits d'Hercule ont parfois certains rapports avec les traits de Domitien.

1. Spartien. Ælius Verus. IV.

2. Plutarch. De adulat. et amico. T. I, p. 68. Ed. Didot.

3. Spanh. De prœst. et usu num. T. II. p. 500.

4. Franz. Elem. epigr. grœc. p. 260.

5. Letronne. Recueil des inscriptions grecques et latines de l'Egypte. T. I. p. 82-94. 102. T. II. p. 83.

tant au nom de l'empereur le surnom d'une divinité précédé de l'épithète νεος, les peuples de
l'Orient perpétuent les usages consacrés par les
Ptolémées et les Séleucides. Ils emploient une
formule de basse flatterie à laquelle il serait im-
prudent d'attacher un sens légal, et constatent
que tel ou tel prince est entré par une dévotion
particulière dans le culte, ou par un genre particulier de qualités, dans le type de telle ou telle
divinité. En définitive, Nerva, Trajan, Hadrien,
Antonin le Pieux, Verus, Marc-Aurèle, acceptent
les témoignages légaux de l'adulation publique,
mais ne les précipitent pas volontairement dans
les élans d'une bassesse exagérée. On leur élève
des temples et, dans les temples, des statues. On
crée des prêtres pour servir le culte de ces divinités nouvelles, je devrais me servir de l'expression même de Spartien, de ces « quasi divinités;[1] »
mais on attend leur mort pour les transformer en
dieux.

Pendant cette période, Hercule et ses attributs
commencent à paraître sur les monnaies de Trajan,
d'Hadrien, d'Antonin le Pieux, mais c'est Hercule
lui-même, le patron de l'empereur et le protecteur
de l'Empire, ce n'est pas encore l'empereur sous
les traits d'Hercule. Il paraît certain qu'aucun des
Antonins, jusqu'à Commode, ne s'est fait repré-

____

1. Spartien. Hadrien. XXV. « (Antoninus) et constituit
» multa alia quæ ad honorem quasi numinis pertinerent. »

senter et adorer avec les traits et les attributs d'Hercule. Tout à coup, et dans ce monde romain qu'avaient apaisé, charmé, honoré, Trajan, Antonin et Marc-Aurèle, Commode paraît. Il paraît et renouvelle, en y ajoutant une scène capitale, le coup de théâtre théologique de Caligula. Caligula s'est déclaré Dieu. Domitien s'est laissé déclarer Dieu. Commode se fait déclarer « Hercule et Dieu. » Il brise cette distinction subtile, mais légale, entre le culte de la divinité et le culte du dieu, et réduit par la terreur le sénat affolé à violer les dernières règles, à l'abri desquelles vivaient encore la conscience et la pudeur publiques.

Voici donc Commode Hercule et dieu. C'est un point très-délicat que de préciser la mesure dans laquelle Hercule-Commode se distinguait d'Hercule. En prenant les attributs d'une divinité, un empereur ne prétendait pas devenir cette divinité elle-même. En portant la massue, l'arc ou la peau de lion, un empereur ne prétendait pas avoir assommé Géryon, tué les oiseaux de Stymphale ou le lion de Némée. Il constatait seulement aux yeux des Romains l'apparition d'un autre Hercule, naturellement plus grand, plus admirable, plus puissant que le premier Hercule. Martial ne cesse d'appeler le fils de Jupiter « *minor Alcides*, » et le fils de Vespasien, Domitien, « *major Alcides*. » Parfois aussi, en prenant les attributs et le nom d'Hercule, l'empereur n'entendait pas se mettre au dessus, mais au dessous du dieu ; il n'affichait pas la prétention de le surpasser; il déclarait uniquement se placer sous sa protection et entrer dans les pratiques de son culte. C'est ainsi que l'empereur Maximien prit le surnom d'Herculius et se supposa fils adoptif d'Hercule : « *post adop-* » *tionem cœlitum*, » comme dit Mamertin. Les chrétiens prennent le nom d'un saint qui, par le baptême, devient leur patron. De même les payens finirent par s'appliquer des noms de divinités.

Tout autre fut la situation de Commode. Commode avait été officiellement déclaré Hercule et dieu. De ce jour, il n'était plus le fils de Marc-Aurèle, placé sous la protection d'Hercule. Il était Hercule lui-même sous la pourpre impériale. C'était Hercule, Hercule qui venait donner au monde les preuves irrécusables d'une force et d'une adresse surnaturelles : « *Hercules Commo-dianus* » comme disent les inscriptions. « Il ne vou- » lait plus qu'on l'appelât Commode, fils de Marc- » Aurèle, dit Hérodien, mais Hercule, fils de Ju- » piter[1], » et le premier, il osa, sur des monnaies latines, se faire représenter avec les attributs d'Hercule et se faire donner, sur ces monnaies, le titre d'Hercule romain : « *Hercules Romanus* [2]. »

1. Hérodien, liv. I, § XLVI.

2. Revue de numismatique, De Witte. Médailles inédites de Posthume, 1844. t. IX. « On possède un grand nombre de pièces de Commode sur lesquelles on lit les titres : *Herculi Romano Aug.*, *Herculi Commodo Aug.* ou *Herc. Commodiano.* Je citerai en particulier les deniers d'or et d'argent ainsi

Si le sénat avait légalement reconnu la présence et presque l'incarnation d'Hercule dans la personne même de Commode[1], comment le peuple n'aurait-il pas confondu les statues d'Hercule et les statues de l'Hercule Commodien, et qui sait si Commode n'avait pas travaillé à cette confusion même en rapprochant le plus possible les statues de l'Hercule Commodien du type consacré à Hercule? Nous savons qu'il rasait ses cheveux pour porter la livrée du culte d'Isis et que plusieurs fois il changea la coupe de ses cheveux et de sa barbe, suivant qu'il voulait jouer tel ou tel rôle[2]. Nous savons encore qu'il s'évertuait, dans les représentations de l'amphithéâtre, à reproduire les traits en même temps qu'il portait le costume et représentait les hauts faits d'Hercule[3]. Malheureusement

que les médaillons de bronze qui ont d'un côté la tête de Commode barbu, à droite, couverte de la dépouille d'un lion, et au revers, l'arc, le carquois et la massue. Il y a aussi des pièces de potin frappées à Alexandrie d'Egypte et qui portent la légende : ΡΩΜΑΙΩΝ ΗΡΑΚΛΕΑ. L. ΑΙ. L'empereur Commode, sous la forme d'Hercule, debout, tenant les pommes sur la main droite, la gauche appuyée sur la massue, derrière une victoire qui couronne. » Conférez encore Eckhel. Doctrina numorum t. VII, p. 102 et 126.

1. Hérodien, liv. I, § XLVI.

2. Lampride. Commode, VIII.

3. A l'appui de l'interprétation que je crois pouvoir donner du vote du Sénat, je citerai un fait important. Caracalla qui prétendait ressusciter Alexandre le Grand, comme Commode prétendait ressusciter Hercule, écrivit au Sénat que l'âme d'Alexandre avait passé dans son corps. (Xiphil. liv.

les statues de l'Hercule Commodien n'existent
plus[1]. On a voulu voir Commode dans une statue
représentant Hercule et Télèphe, statue qui orne
la galerie du Vatican. Winckelmann et Visconti ont
combattu cette attribution par des raisons victo-
rieuses[2]. On trouve encore au Vatican une statue
en marbre grec qui se rapproche beaucoup de
notre Hercule de bronze : mais on a fabriqué un
Hercule Commodien en plaçant sur le corps d'Hercule une tête de Commode[3].

Puisque les statues de l'Hercule Commodien
nous font défaut, arrêtons-nous un instant sur le
portrait qu'Hérodien nous a laissé de Commode.

« A cette illustre origine, dit-il, à une jeunesse
» dans sa fleur, Commode joignait un extérieur
» plein de dignité ; son corps était bien propor-
» tionné, ses traits beaux et mâles, son regard à
» la fois paisible et plein de feu, sa chevelure, na-
» turellement blonde et bouclée, semblait briller
» comme la flamme, lorsqu'il se promenait au
» soleil, et l'on eût cru alors qu'une pluie d'or
» avait arrosé sa tête. Quelques uns, même, pré-
» tendaient voir, dans cette chevelure dorée, la
» marque d'une origine céleste et se figuraient
» qu'une auréole divine ceignait son front ; ses

LXXVII, ch. 7). C'est bien la doctrine de l'incarnation.

1. Lampride. Commode. IX.

2. Visconti. Museo Pio Clementino, t. II, p. 15, pl. IX.

3. Clarac. Musée de sculpture, t. IV, pl. 963, n° 2471 et
n° 2465. Voyez encore Guattani. Monum. Inéd. 1805, pl. 26.

» joues commençaient à se couvrir d'un léger
» duvet. Tel était Commode, tel était le jeune
» empereur, lorsqu'il s'offrit aux yeux des Romains
» et qu'ils l'accueillirent par des fêtes, des cris
» d'allégresse, des couronnes et des fleurs semées
» sous ses pas [1]. »

Considérons maintenant notre Hercule et, sans
prétendre qu'il représente le fils de Marc-Aurèle,
évoquons en notre imagination le Commode d'Hérodien. Il arrive : il paraît : il triomphe ! A qui
comparer ce beau jeune homme sur le front duquel
resplendit une auréole divine ? C'est un dieu !
personne n'en doute : mais quel dieu ? Si ce n'est
Hercule, si ce n'est le dieu de la force, le dieu
des gladiateurs ? Ne sait-on pas que, du vivant
et sous les yeux attristés de Marc-Aurèle, Commode a déjà lutté trois cent vingt fois avec les
athlètes et les cochers [2] ? Que les artistes se mettent
à l'œuvre ! qu'ils fassent revivre dans le bronze
et le marbre le nouvel athlète, le nouveau gladiateur, le nouveau vainqueur du lion de Némée ! qu'ils
conservent le type consacré d'Hercule, mais
en y mêlant les formes juvéniles de Commode !
qu'ils n'oublient pas surtout ce léger duvet,
ces cheveux frisés dont les Romains admirent
l'innocent éclat, et qu'ils laissent à l'adulation
publique le soin de rechercher si la beauté

---

1. Hérodien. Liv. I. § XVIII.
2. Lampride. Commode, II, XII.

du divin Hercule n'est pas dépassée par la beauté
de l'Hercule impérial !

Est-ce à dire que l'Hercule Mastaï est un
Hercule Commodien ? Non : mais l'Hercule Mastaï
peut être un de ses types, un de ses modèles, un
Hercule du siècle des Antonins, et, pour être
plus hardi et plus précis, un Hercule du règne
de Commode. Si cette conjecture était admise,
comme il serait facile d'expliquer les mutilations
qu'a subies notre statue ! et comment ne pas
avouer que le peuple romain dut nécessairement
confondre dans les mêmes hommages et plus tard,
dans les mêmes outrages, les statues que Commode avait fait ériger, soit avec le type d'Hercule,
soit avec le type de l'Hercule Commodien ? L'imagination populaire établit naturellement des relations secrètes entre les statues d'Hercule et la vie
de Commode, et, pour dissiper tous les doutes,
je n'ai qu'à citer cette phrase de Lampride : « *Her-*
» *culis signum œneum sudavit in Minutiâ per*
» *plures dies* [1]. » Ainsi l'Hercule d'airain qui ornait le portique de Minutius paraît transpirer pendant plusieurs jours, et le peuple présage que la
vie de Commode est menacée [2]. Quelle lumière !

1. Lampride, Commode, XVI.
2. Cf. dans le Traité de la déesse syrienne ordinairement
intercalé dans les œuvres de Lucien, l'histoire des statues
d'Hiérapolis « qui suent, se meuvent et rendent des oracles. »
Conférez encore dans saint Augustin. Civ. Dei, liv. III,
ch. XI, l'histoire d'une statue d'Apollon de Cumes dont les

La foule se rue sur les statues qui représentent
Hercule à l'âge de Commode ou qui semblent
vivre de la vie de Commode, jouir des honneurs
décernés à Commode, souffrir des outrages infli-
gés à Commode? Il n'était pas nécessaire, pour
être livrées aux injures de la foule, que ces statues représentassent Commode trait pour trait. Il
suffisait qu'elles eussent été érigées par Commode,
qu'on pût soupçonner qu'elles représentaient
l'Hercule impérial, l'Hercule Commodien, ou que
tout au moins elles avaient, avec la vie, la fortune,
la prospérité du bourreau du Sénat et du peuple
quelques mystérieuses relations [1].

Interrogeons maintenant l'histoire et cherchons
dans les récits écourtés de Dion Cassius, d'Hérodien, de Lampride et de Capitolin de nouveaux
arguments [2].

larmes présagèrent la défaite des Grecs.

1. MM. Visconti et de Witte ont admis que la statue
d'Hercule avait pu être renversée, parce qu'elle avait été
érigée par Pompée et qu'elle était en quelque sorte le sym-
bole de ce grand homme. Je repousse cette conjecture
parce qu'à l'époque de Pompée les mœurs publiques n'auraient pas supporté cette identification d'une divinité et
d'un simple mortel : mais si d'éminents archéologues ont
supposé que la chose était possible du temps de Pompée, à
coup sûr ils ne refuseront pas de reconnaître qu'elle est
certaine du temps de Commode, et qu'à vrai dire, jamais
dans tout le cours de l'histoire romaine, la confusion impie
d'un Dieu et d'un homme ne fut poussée aussi loin que
sous le règne et dans la personne de ce prince.

2. Lampride. Commode, XVII, XVIII, XIX. — Capitolin.

Dès sa jeunesse, Commode avait voué un culte particulier à Hercule, mais ce n'était pas seulement au dieu de la force, c'était au patron des gladiateurs. « Commode ne fut pas un prince, dit Capi- » tolin, mais un gladiateur [1]. » Né pour l'infamie et pour le trône, Commode avait trahi, sous les yeux mêmes de Marc-Aurèle, sa passion pour les exercices du corps et d'adresse et ses instincts de cruauté et de débauche [2]. Le souverain pouvoir les fit éclater. Des histrions, des bouffons, des athlètes et des cochers, il fit ses compagnons et ses amis. Il s'exerça dans l'art de conduire des chars, de combattre corps à corps, de tuer des bêtes féroces, jusqu'au moment où il entra dans la carrière de l'amphithéâtre [3].

Le Sénat, qui lui avait donné le surnom de Pieux pour avoir désigné consul l'adultère de sa mère, d'Heureux pour avoir fait mourir Perennis, de Britannique parce que les Bretons avaient voulu élire un autre empereur, le nomma Hercule romain, « Hercules Romanus, » parce qu'il avait tué des bêtes féroces dans l'amphithéâtre de Lanuvium [4].

Armé d'une massue et couvert, tantôt de vêtements de femme, tantôt d'une peau de lion, il

Pertinax, IV, V, VI. — Hérodien, liv. I, XLIX, L, LI, LII, LIII, LIV, LV. Liv. II. I à XIV.

1. Capitolin. Marc-Aurèle, XIX.
2. Capitolin. Marc-Aurèle, XXVII.
3. Lampride. Commode, I.
4. Lampride. Commode, VIII.

assomma non-seulement des bêtes féroces, mais aussi des hommes. Si ces victimes étaient faibles et petites, il les faisait enfermer dans des corps de dragons et les perçait de flèches. Il faillit un jour tirer sur le sénat pour imiter Hercule tirant sur les oiseaux de Stymphale [1].

Son extravagance fut portée à ce point, dit Hérodien, qu'il voulut changer de nom, et qu'au lieu de Commode, fils de Marc-Aurèle, il se fit appeler Hercule, fils de Jupiter. Les inscriptions et les monnaies confirment cette accusation. Aussi, quittait-il souvent le costume romain et la pourpre impériale pour se montrer en public avec une peau de lion et une massue à la main. Au théâtre, on portait devant lui, et on plaçait sur son siége, ces attributs de la force herculéenne, qu'il fût absent ou qu'il fût présent. On pense bien qu'il se fit élever des statues dans la pose et le costume classiques d'Hercule. Xiphilin le dit nettement : « Parmi les statues qu'on avait éle- » vées en son honneur, il y en avait plusieurs où » il était représenté avec le costume et les » attributs d'Hercule. » Hérodien dit encore : « Il se fit ériger des statues dans tous les quartiers » de Rome; l'une d'elles, placée devant le sénat, » avait un arc tendu à la main [2]. » Enfin Lampride ajoute : « On lui érigea des statues qui le repré-

1. Lampride. Commode, § IX.
2. Hérodien, liv. I, § XLVI.

» sentaient en Hercule, et des victimes lui furent
» immolées comme à un Dieu [1]. » En effet, lorsqu'il
proposa au Sénat de changer le nom de Rome en
celui de Commode, non-seulement cette assemblée
y consentit, mais elle adopta elle-même le nom de
Sénat Commodien, et elle appela Commode Hercule et Dieu : « *Commodum Herculem et Deum*
» *appellans* [2]. »

La passion de Commode pour le métier de gladiateur finit par lui faire oublier qu'il était Hercule. Il en avait quitté le nom glorieux pour
prendre le nom infâme des gladiateurs les plus célèbres. Il dédaignait le titre d' « *Hercules Romanus* »
et se faisait acclamer six cent vingt fois : « *Paulus,*
» *primus sequutorum* » [3]. Il avait fui le Palais et
était allé chercher le sommeil et le repos sur le
mont Cœlius.

L'année 192 finissait, et le jour des Saturnales
devait voir les consuls désignés revêtir, au milieu
de la joie universelle, les marques de leur dignité nouvelle. Commode résolut de les faire
périr, de s'arroger le consulat et de remplacer
la cérémonie consulaire par une promenade gla-
diatorale. Lui-même devait sortir, armé de pied
en cap, du lieu des exercices, et se prosti-
tuer publiquement en conduisant à travers les

1. Lampride. Commode, IX : « Accepit statuas in Her-
culis habitu, eique immolatum est ut deo. »
  2. Lampride. Commode, VIII.
  3. Lampride. Commode, XV.

rues de Rome la troupe infâme des gladiateurs. .
Commode confie ce projet à Marcia. C'était,
de toutes ses concubines, celle qu'il aimait le
mieux. A cette étrange nouvelle, Marcia fond en
larmes et le supplie à genoux de ne point livrer sa
vie à des misérables sans nom. Commode la
repousse brutalement et charge Lœtus, préfet du
prétoire, et Electus, son chambellan, de tout pré-
parer. Mêlant les remontrances aux prières, Lœtus
et Electus tentent d'ébranler Commode. Irrité de
voir que ses confidents les plus intimes n'approu-
vent pas ses desseins, il écrit sur une cédule les
noms de ceux que, pour le premier jour de l'année,
il compte faire périr. Marcia, Lœtus, Electus, les
anciens amis de Marc-Aurèle, plusieurs sénateurs,
beaucoup de personnes riches et influentes, com-
posaient la liste des victimes. Il place cette cédule
sous le chevet de son lit et se rend au bain. Un
petit enfant, qui servait à ses débauches et qui
avait la liberté d'entrer et de jouer dans sa chambre,
trouve le billet et l'emporte. Par un nouveau
hasard, Marcia rencontre cet enfant et lui enlève
le billet. Sans perdre un moment, elle réunit Lœtus
et Electus et, tous trois, tombent d'accord. Au
retour du bain, Marcia présentera à l'empereur
un breuvage empoisonné. Le coup est fait. Commode, étourdi, se couche, et les conjurés atten-
dent les dernières convulsions de l'agonie. Tout
à coup le moribond s'élance ; il devine le poison ;
il menace. Les conjurés sentent qu'en laissant à

Commode le temps de parler, ils lui laissent le temps de se venger. Ils appellent un athlète, et Commode est étranglé.

A qui maintenant donner l'Empire? Pertinax jouissait d'une réputation méritée. Il était sénateur; il avait gouverné la Syrie, les deux Mésies, la Dacie, l'Afrique, et rempli les fonctions de préfet de Rome. En voyant Lœtus et Electus pénétrer de force dans son domicile, au milieu de la nuit, Pertinax se figure qu'ils lui apportent la mort. C'était, il est vrai, lui apporter la mort que de lui apporter l'empire. Pertinax se défend un instant, puis se laisse conduire au camp des prétoriens. Lœtus assemble les soldats et les harangue; Pertinax les harangue à son tour, mais il commet la noble faute de leur parler de réformes et de discipline. Cependant, au milieu des murmures, quelques voix s'élèvent et saluent Pertinax « impe » rator. » Le peuple, qui entoure le camp, répond par des clameurs. Surpris, les prétoriens s'abandonnent et livrent à regret le serment de fidélité. Il faisait encore nuit lorsque le nouvel empereur se présenta aux portes du Sénat; elles étaient closes. C'est dans le temple de la Concorde qu'il reçoit les premières félicitations des consuls et des magistrats. Cependant Pompeianus, le gendre de Marc-Aurèle, ne cache pas la surprise que lui inspire la mort suspecte de Commode. A ces regrets, qui semblent une accusation, Pertinax répond en lui offrant l'empire. Pompeianus refuse

et, le jour paraissant, le Sénat entre en séance. Les consuls firent d'abord l'éloge de Pertinax, mais à peine eurent-ils achevé leurs discours que le Sénat tout entier se lève et, dans des acclamations d'une incroyable violence, voue la mémoire de Commode à l'infamie. On dirait que la colère de la peur et l'espérance du salut emportent une assemblée de condamnés à mort et que ces condamnés, échappés au supplice, frappent et frappent encore le cadavre de leur juge et de leur bourreau. « Que l'on arrache les
» honneurs à l'ennemi de la patrie! que l'on
» arrache les honneurs au parricide! que le parri-
» cide soit traîné! que l'ennemi de la patrie, que
» le parricide, que le gladiateur soit déchiré dans
» le spoliaire! l'ennemi des dieux! le bourreau du
» Sénat! que le meurtrier du Sénat soit traîné avec
» le croc! à bas les statues de l'ennemi! à bas les
» statues du parricide! à bas les statues du gladia-
» teur! qu'on traîne le meurtrier des citoyens!
» qu'on traîne le parricide des citoyens! qu'on
» abatte les statues du gladiateur! »

Le tumulte des imprécations et des acclamations se prolongea, avec une fureur croissante, jusqu'au moment où Fabius Chilon, consul désigné, crut devoir annoncer au Sénat que le cadavre de Commode avait été enseveli dans le cours de la nuit. « Qui a donné cet ordre! qu'on déterre le parri-
» cide! qu'il soit traîné! » rugissent les sénateurs. Cingius Sévère se lève : « Il ne méritait pas une

» sépulture. Je le dis en qualité de pontife, et le
» collége des prêtres le dit avec moi. Je pense
» qu'il faut abattre les statues de celui qui, n'ayant
» vécu que pour la ruine des citoyens et pour sa
» propre honte, a obtenu par la terreur des hon-
» neurs immérités. Qu'on renverse partout ses
» statues, qu'on efface son nom de tous les monu-
» ments publics et particuliers, enfin qu'on rende
» aux mois les noms qu'ils portaient avant que ce
» fléau ne désolât la république! » Ces résolutions
ayant été couvertes d'applaudissements, Pertinax
prit la parole, remercia le Sénat et surtout le
préfet du prétoire, Lœtus. Entraîné par la violence
de la délibération, le consul Falcon lui répliqua :
« Il nous est aisé de prévoir comment tu gouver-
» neras, puisque nous voyons derrière toi Lœtus et
» Marcia, les exécuteurs des crimes de Commode. »

En sortant du sénat, Pertinax se rendit au
Capitole, sacrifia et reçut le titre de Père de la
Patrie, puis il fut conduit au palais que Commode
avait abandonné et, suivant la coutume, il réunit
le même jour, dans un festin solennel, les princi-
paux sénateurs et les magistrats.

Ce fut le lendemain des calendes qu'on abattit
les statues de Commode. La rage qui avait éclaté
dans les acclamations du Sénat souilla l'exécution
de ses décrets. Non-seulement les statues de
Commode, et nous avons vu qu'un grand nombre
le représentaient avec les attributs et sous les traits
d'Hercule, non-seulement ces statues furent ren-

versées, mais encore mutilées et déshonorées.
« Il n'est pas possible, dit Xiphilin, de répéter
» toutes les injures que proférèrent les séna-
» teurs et le peuple. Ils voulurent traîner par
» les rues son corps et ses statues, mais Pertinax
» leur ayant dit que le corps avait été déjà ense-
» veli, ils l'épargnèrent et firent en revanche
» aux statues *tous les outrages qu'ils purent in-*
» *venter.* » Et quel plus grand outrage que d'arracher les parties viriles et quel châtiment plus
juste pour celui qui, dès son enfance, avait
pratiqué le métier infâme des Néron et des Héliogabale !

Les statues abattues, mutilées, déshonorées (et
non-seulement les statues de Commode, mais les
statues de l'Hercule Commodien, et même les
statues d'Hercule élevées par Commode), que
pouvait-on faire ? Dans le tumulte populaire n'était-
il pas prudent de les dérober à la fureur des uns,
aux hommages des autres ? Considérez un instant
la situation des partis. D'un côté, un empereur
improvisé, n'ayant d'autre appui que le Sénat et
le peuple, associés dans les mêmes haines. De
l'autre, les partisans de la famille de Marc-Aurèle,
égarés au milieu des créatures de Commode ; les
ambitieux, Maternus, Falcon, Julien, s'agitant
au milieu des courtisans compromis ; enfin, unis
dans leurs rancunes et dans leurs passions, les
prétoriens cherchant un autre maître pour s'assu-
rer l'impunité de la corruption et de l'oisiveté !

En montant sur le trône, Pertinax était condamné. Les Prétoriens ne pouvaient lui pardonner d'avoir parlé de réformes quand il fallait parler d'argent. Au tribun qui vint le premier lui demander le mot d'ordre, l'empereur avait répondu : « Combattons, » et les prétoriens ne voulaient pas combattre. Aussi éclatèrent-ils en gémissements, au moment où furent abattues les statues de leur protecteur, du fils de Marc-Aurèle, et tandis que le peuple se livrait avec fureur à cet acte de justice, les prétoriens s'indignaient d'une exécution qui semblait retomber sur eux. Quelques jours après, ils tentaient d'entraîner dans leur camp et de proclamer empereur Triarius Maternus Lascirius; quelques semaines plus tard, le consul Falcon tendait des embûches à Pertinax et trois mois ne s'étaient pas écoulés que ce dernier était assassiné et l'empire vendu à l'encan.

Informées du meurtre de Commode, du règne de Pertinax, de l'avénement de Julien, les légions de Germanie élurent empereur Septime-Sévère. Julien fut massacré dans son palais et Sévère entra bientôt à Rome au milieu de ses troupes, dans l'appareil redoutable d'un maître et d'un vengeur. Pour plaire au peuple, il fit à la mémoire de Pertinax des obsèques magnifiques et pour humilier le Sénat, il mit Commode au rang des dieux[1].

---

1. Les inscriptions au nom de Commode sont une nou-

Ai-je besoin de montrer, dans cette révolution de quelques mois, toutes les passions en mouvement, tous les intérêts en jeu, tous les partis en lutte, et, si l'on veut se borner aux quelques jours qui suivirent la mort de Commode, ne sent-on pas gronder au fond de tous les esprits et de tous les cœurs l'anxiété du lendemain, la terreur des représailles, la fureur de la vengeance ? Quel rôle ne doit-elle pas jouer dans l'histoire de la statue d'Hercule, cette phrase de Capitolin : « Quand on abattit, le len- » demain des calendes, les statues de Commode, » les soldats gémirent : *Quum postero calendarum* » *die statuæ Commodi dejicerentur, gemuerunt* » *milites*[1]. » En évoquant le spectacle que peint cette simple phrase, je vois la foule se ruant tantôt sur les statues d'Hercule qu'avait élevées Commode, et tantôt sur les statues de Commode avec les attributs d'Hercule ; je vois l'indignation des prétoriens et j'entends l'explosion de leur douleur et de leur colère. Je vois des partisans de la famille de Marc-Aurèle, des créatures de Commode, peut-être même les prêtres de l'Hercule Commo-

velle preuve de l'anarchie dans laquelle le monde romain fut plongé jusqu'à l'avénement de Septime Sévère. Quoique le sénat eût ordonné d'effacer de tous les monuments le nom de ce monstre, la plupart des inscriptions sont restées intactes! Et pourquoi? Parce qu'on attendait la fin de la révolution ; on se demandait qui aurait la force, du sénat ou des soldats. Septime Sévère se chargea de la réponse.

1. Capitolin. Pertinax, VI.

dien, par reconnaissance du passé, par espérance de l'avenir, je les vois recueillir et cacher les statues mutilées d'un empereur ou d'un dieu. Qui sait même si ces statues ne sont pas secrètement et rapidement ensevelies sur l'ordre même de l'empereur? Après avoir dérobé le cadavre de Commode, pourquoi Pertinax ne déroberait-il pas les statues de l'Hercule Commodien? De tous les côtés, des périls l'accablent. Il faut entrer dans la vengeance du Sénat et du peuple, mais il faut apaiser les regrets menaçants des prétoriens, et si, par hasard, la statue renversée n'est qu'une statue d'Hercule, confondue dans le tumulte avec l'Hercule Commodien, que de raisons pour faire disparaître les témoignages scandaleux d'une violence impie!

Quoi qu'il en soit, après avoir parcouru rapidement l'histoire des empereurs qui ont pris successivement les attributs d'Hercule, un concours de conjectures et de preuves nous ramène vers le règne de Commode. A toutes les objections, à toutes les questions, à tous les doutes, la critique d'art ou les leçons de l'histoire semblent fournir une réponse victorieuse.

Je me résume. Si l'on demande quelle est cette statue, je réponds : c'est une statue d'Hercule.

Sous les traits et avec les attributs d'Hercule, l'artiste a-t-il voulu représenter un empereur? Je ne le pense pas, mais j'ajoute que, s'il avait eu ce dessein, cet empereur pourrait être Commode.

Pourquoi Commode? parce que cette statue représente Hercule jeune et que Commode est le seul empereur qui, prenant les attributs d'Hercule, ait régné depuis l'âge de dix-huit jusqu'à l'âge de trente ans. La barbe est naissante et saint Augustin dit, à propos de l'Hercule barbu du Forum romain : « *Deus fortitudinis dolet dici* » *Hercules : Tota virtus ejus in barba*[1]. » Les cheveux sont bouclés et courts comme ceux d'un athlète, et Commode en était un ; les formes mâles et juvéniles rappellent le portrait qu'Hérodien a tracé du fils de Marc-Aurèle.

Mais Commode s'est-il fait représenter en Hercule? Non-seulement il s'est fait représenter avec les attributs d'Hercule, mais il s'est fait déclarer par le Sénat « Hercule et dieu, » et comme il était Hercule lui-même, on pouvait le représenter et l'adorer sous les traits mêmes d'Hercule. Les Hercules Commodiens devaient être taillés sur le même type que notre Hercule, et je tiens pour certain que le peuple, quand il renversa les statues de l'Hercule Commodien, renversa en même temps des statues d'Hercule jeune élevées par Commode. Toutes les statues de l'Hercule Commodien furent abattues par ordre du Sénat après la mort de Commode. Comment le peuple n'aurait-il pas abattu des statues élevées par

---

1. Saint August. éd. MDCLXXIX, t. V, p. 132, Sermon XXIV.

Commode à Hercule de peur de laisser debout une statue de l'Hercule Commodien? Pouvait-il distinguer les statues de l'Hercule Commodien et les statues d'Hercule jeune, puisqu'il supposait (Lampride le dit formellement) que certaines statues d'Hercule avaient, avec la vie de Commode, des relations surnaturelles?

Cette statue d'Hercule est mutilée. Or, Xiphilin nous apprend qu'aux statues renversées de l'Hercule Commodien, le Sénat et le peuple firent tous les outrages qu'ils purent inventer. Pertinax avait privé le Sénat et le peuple du plaisir de traîner avec le croc le cadavre même de l'empereur. Le Sénat et le peuple se consolèrent en déshonorant les statues par la mutilation des parties viriles.

Voici donc une statue d'Hercule confondue avec les statues de l'Hercule Commodien, renversée et mutilée. Pourquoi l'avoir recueillie et ensevelie? Parce que les statues de l'Hercule Commodien furent renversées le 6 des calendes de Janvier, l'an 193, dans l'explosion d'un tumulte révolutionnaire, que les prétoriens protestèrent, murmurèrent et faillirent se révolter, qu'il était urgent de faire disparaître et les témoignages de la vengeance du Sénat et du peuple, et qu'il fallait à tout prix ramener le calme dans les esprits, et la paix dans les rues.

Ainsi la crise à laquelle Rome fut en proie pendant quelques jours, en soulevant les passions des

partis contraires, **suffit** pour expliquer l'enseve-
lissement secret de notre statue d'Hercule. Tout
s'explique et s'accorde. A ce point de l'histoire
romaine, les faits de la cause sont appuyés par
des preuves et justifiés par des textes. On pourrait
presque s'arrêter et se hasarder à porter un juge-
ment, mais la liste des adorateurs d'Hercule n'est
pas épuisée, et l'enquéte, poursuivie sincèrement
jusqu'à la fin de l'empire, nous ouvrira de nouveaux horizons.

Le règne de Commode eut cet effet de rendre
le gouvernement des empereurs-dieux tout à fait
impopulaire. Les Romains avaient souffert des
prétentions sacriléges de Commode plus que
l'état des mœurs publiques n'aurait pu le faire
supposer. L'explosion de haine qui bouleversa
Rome pendant plusieurs jours trouva un écho
dans des discours et des épigrammes. « Je citerai,
» dit Lampride, des vers faits contre Commode,
» afin que tout le monde sache qu'on faisait plus
» de cas des Antonins que des dieux. »

« Commode, qui connaît les droits de l'huma-
» nité et de l'empire, désire porter le nom d'Her-
» cule. Il ne pense pas que le nom des Antonins
» soit bon. Il espère, sous le nom d'un dieu,
» plus de gloire que sous le nom du meilleur des
» princes, et pourtant il ne sera ni ce dieu ni
» même un homme [1]. »

1. Lampride. Diadumene, VII.

Ainsi, Commode, en se l'appliquant, avait comme déshonoré le nom d'Hercule et réduit les hommes à préférer le gouvernement de leurs semblables au gouvernement des dieux. La réaction fut si vive que Caracalla qui, dans des lettres intimes, se glorifiait d'avoir combattu un lion et, par là, d'avoir approché de la valeur d'Hercule, défendait qu'on lui donnât le nom d'Hercule ni d'aucun autre dieu[1]. De même, Alexandre Sévère, quoiqu'il présidât souvent aux jeux établis en l'honneur d'Hercule, afin de témoigner son respect pour la mémoire du grand Alexandre, avait refusé de prendre le nom d'Antonin souillé par Héliogabale, et n'accepta pas le surnom d'Hercule souillé par Commode[2].

Si les successeurs de Commode trouvèrent prudent de dédaigner le rang d'un dieu impérial et vivant, du moins ils continuèrent à donner au culte d'Hercule les marques d'une dévotion particulière. Septime-Sévère, en ce point et dans cette mesure, recueillit l'héritage de Commode. Il prit Hercule et Bacchus pour les dieux protecteurs de sa famille, ainsi que l'attestent les médailles sur lesquelles ces deux divinités ont le titre de « DII » AUSPICES. »[3] Il leur fit bâtir un temple commun

____

1. Spartien. Caracalla, 5. « Deorum sane se nominibus appellari vetuit, quod Commodus fecerat, quum illi eum quod leonem aliasque feras occidisset, Herculem dicerent. »

2. Lampride. Alex. Sévère, VII.

3. Millin. Monuments inédits, in-4°, t. I, p. 250.

et magnifique. L'inscription DII PATRII, qu'on trouve sur les médailles de Caracalla avec le même type, prouve qu'il était resté fidèle aux exemples paternels. Il paraît même qu'au commencement de son règne, Hercule était plus particulièrement le patron de Caracalla, et Bacchus le patron de Géta, et pourtant Caracalla refusa obstinément le titre et le surnom d'Hercule.

D'autres, il est vrai, furent moins réservés, Posthume, Gallien, Probus, par exemple, mais aucun de ces empereurs n'eut la folie de se faire déclarer « Hercule et Dieu. » Posthume permit, il est vrai, qu'on inscrivît au revers de ses médailles : « *Herculi Romano aug.*, » mais cette formule, empruntée à Commode, avait surtout pour objet de montrer que Posthume, l'empereur des Gaules, était aussi l'empereur de Rome, le successeur d'Auguste et le pacificateur du monde. En effet, on voit très-souvent, sur les médailles de Posthume, sa tête accolée à celle de l'Hercule barbu, et la ressemblance entre les deux types est telle qu'on peut les confondre : d'où il suit qu'Hercule jouait auprès de Posthume le rôle de patron, de protecteur, de compagnon, et c'est assurément le même rôle que lui assignaient Gallien, Probus et Carausius[1]. Je n'ai pas besoin d'ajouter que l'histoire de

1. De Witte, Recherches sur les empereurs qui ont régné dans les Gaules, Lyon, 1868, pl. i, n° 13, pl. ii, n° 18, pl. v, n° 71.

ces princes écarte absolument toutes les circonstances qu'il est nécessaire de supposer pour expliquer la mutilation et l'enfouissement de l'Hercule Mastaï.

Nous voici donc arrivés au règne de Maximien Herculius, dont le surnom devait naturellement attirer l'attention de la critique, et qui, dans la série des empereurs protégés par Hercule ou confondus avec lui, tient une place importante[1].

Lorsque Dioclétien eut associé à l'empire son camarade Maximien, il voulut consacrer cette association en la plaçant sous le patronage des dieux protecteurs de Rome, c'est-à-dire de Jupiter, le maître du ciel, et d'Hercule, le héros de la terre. Dioclétien prit le surnom de « Jovius, » et Maximien celui d' « Herculius »; en un mot, Dioclétien devint légalement et religieusement le fils adoptif de Jupiter, et Maximien le fils d'Hercule. C'est cette situation que Mamertin exprime très énergiquement dans le panégyrique de Maximien Herculius, en appelant Jupiter l'auteur de Dioclétien : « *Diocletiani auctor deus,* » et Hercule, l'Hercule de Maximien : « *Maximiane, Hercules tuus*[2]. » Eumène précise et confirme ces aveux dans le panégyrique de Constance : « Indépen- » damment, dit-il, des intérêts et des soins de » l'État, une parenté de majesté entre Jupiter et

1. Journal des Savants, août 1868, p. 485 et suiv.
2. Panegyrici Veteres. Parisiis 1676. Mamertin. Genethliacus Maximiani, § III, p. 127.

» Hercule, les Joviens et les Herculiens, exigeait
» une ressemblance avec l'univers et les phéno-
» mènes célestes[1]. » En effet la famille des Joviens
et des Herculiens, après s'être constituée dans les
Augustes, s'était étendue dans les Césars, et
lorsqu'Eumène s'écrie : « C'est sans doute pour
» obéir à cette inspiration naturelle d'Hercule
» son aïeul et de Maximien Herculius son père,
» que César Herculius favorise avec tant d'em-
» pressement le culte des belles-lettres [2], » il
établit les trois degrés de génération dans la
branche Herculienne de la famille impériale :
Hercule, Maximien, Constance. Maximien ne pouvait donc pas dire, à l'exemple de Commode,
qu'il était Hercule lui-même fils de Jupiter, ou, à
l'exemple de Caracalla, que l'âme d'Alexandre
avait passé dans son propre corps; il était simplement, et pour me servir de l'expression que Mamertin applique à Hercule « post adoptionem cœlitum », il était fils adoptif d'Hercule et nécessairement un mortel consacré et divinisé par l'adop-
tion. Il est donc naturel de conclure que Maximien Herculius ne songea pas à se faire représenter
et adorer comme Hercule lui-même, et que les
statues héroïques d'Hercule ne représentent pas
l'empereur Maximien.

La numismatique confirme cette conjecture.
Nous avons vu que Commode, le premier, sur des

1. Id. Eumenii Paneg. Constantio Cæsari, § IV, p. 168.
2. Id. Eumenii Pro restaur. scholis, § VIII, p. 151.

monnaies romaines, avait osé s'assimiler à Hercule et fait frapper au revers de ces monnaies les légendes : « *Herculi Commodiano... Herc. Rom.* » *Conditori... Herc. Rom. Augu... Herculi Com-* » *modo Aug*[1]. » Nous avons vu encore que Posthume et Probus, supposant qu'ils étaient des Hercules impériaux, avaient imité Commode sans l'égaler et pris les qualifications d'Hercule romain : « *Her-* » *culi Romano Aug.* » Dans l'histoire de la divinisation impériale, Maximien affichera-t-il le même rôle, la même attitude, la même prétention? Nullement. Maximien n'est pas un Hercule impérial. C'est un empereur Herculien; ce qui est très-différent. Presque jamais, sur les médailles, nous devrions dire jamais, Maximien ne se confond avec Hercule. Les légendes ne portent pas : « *Herculi* « *Romano Augusto,* » mais « *Herculio Maximiano* » *Augusto,* » et, distinguant le dieu protecteur et l'auguste protégé, elles disent encore : « *Herculi* » *Augg.; Herculi comiti Augg. et Cœss.; Herculi* » *conser. Augg. et Cœss.; Herculi invicto* » *Augg*[2]. » Tantôt, Dioclétien en habit militaire debout devant Jupiter[3]. Tantôt, Maximien, en habit militaire, debout devant Hercule[4]. Tantôt, Jupiter, nu, debout, tenant un globe et un

1. Cohen. Description des médailles impériales, Commode. T. IV, passim.

2. Cohen. Maximien Herculius. T. VI, nᵒˢ 36, 38, 39, 47.

3. Id. Dioclétien, T. VI, nᵒˢ 133, 147.

4. Id. Maximien Herculius. T. VI, nᵒ 172.

sceptre ; en face, Hercule, nu, debout, tenant une massue et une Victoire : tous deux avec cette légende : « *Jov. et Hercu. conser. Augg* [1]. » Tantôt, les deux empereurs, en habit militaire, sacrifiant sur un trépied, et au dessus, dans le champ, Jupiter et Hercule sur un autel orné de guirlandes, avec cette légende : « *Jovio et Her-* » *culio* [2]. » En un mot, Jupiter se distingue toujours de Dioclétien, comme Hercule de Maximien, à ce point que Jupiter, le patron de Dioclétien, est déclaré le conservateur, le tuteur, le protecteur de Maximien, comme Hercule, le patron de Maximien, l'est en même temps de Dioclétien. « *Dividere,* » dit Mamertin, « *inter vos Dii immor-* » *tales sua beneficia non possunt ; quicquid alter-* » *utri præstatur amborum est.* » [3] Cette quadruple alliance des dieux et des mortels laisse à chacun sa personnalité et nous permet d'avancer que la sculpture ne dut pas plus que la numismatique reproduire Maximien Herculius, je ne dis pas avec certains attributs, mais dans les attitudes mythologiques et sous les formes héroïques d'Hercule.

A ces raisons, on peut en ajouter d'autres pour combattre l'opinion qui ferait de notre Hercule un Maximien divinisé. Comment ne pas voir que

---

1. Id. Dioclétien. T. VI, n° 203.

2. Id. Dioclétien et Maximien Herculius. T. VI, p. 425, n° 2.

3. Mamertin. Genethliacus Maximiani. § VII, p. 131.

l'Hercule Mastaï est un jeune homme, et se souvenir que Maximien ne fut associé à l'empire qu'à quarante ans? Maximien, transformé en Hercule, eût-il porté les cheveux frisés, lui qui avait les cheveux coupés en brosse? On a parlé de la barbe: mais la barbe naissante de l'Hercule Mastaï n'a aucun rapport avec la barbe épaisse et courte de Maximien. Enfin, l'Hercule Mastaï a le type grec, le type de la force accompagnée d'une certaine noblesse, et la figure de Maximien, au dire d'Eutrope, inspirait l'horreur: « *asperitatem suam* » *etiam vultus horrore significans* [1]. »

Ces observations suffisent, ce me semble, pour écarter tout rapprochement entre Maximien Herculius et l'Hercule Mastaï; mais on peut en appeler à l'histoire, et c'est précisément dans l'histoire que je cherche en vain des circonstances qui s'accordent avec l'état de notre statue.

Commençons par examiner la tragi-comédie de 306. Dioclétien et Maximien avaient abdiqué. Maxence, fils de Maximien, profondément irrité du choix des Césars Sévère et Maximien, attendait une occasion de se venger. Galère la lui offrit. Il imposa le cens à toute l'Italie. Rome se souleva et proclama Maxence Auguste. Sévère, auquel l'Italie avait été départie, marche contre lui. Maxence appelle à son secours son père Maximien Herculius, qui supportait avec chagrin

---

1. Eutrope. liv. IX, n° XVI.

l'abdication à laquelle Dioclétien l'avait condamné. Maximien reprend la pourpre, et tout sourit d'abord à l'alliance du père et du fils. Sévère, abandonné par ses troupes, se livre et se tue. Galère s'avance, menace et s'enfuit. Désormais, Maxence pourra couler dans Rome une vie de paresse et de débauche. Empereur sans états, général sans armée, comblé d'honneurs et sans pouvoir, ardent, inquiet, insatiable, le vieux Maximien s'indigne de vivre dans la dépendance d'un fils qu'il méprise[1]. Il voit que les Romains admirent officiellement la piété de Maxence qui lui a rendu la pourpre, et il se figure que cette admiration est un hommage rendu à la supériorité de ses talents. Il voit que Maxence n'a pas le génie de la guerre et qu'il règne par la corruption, et il se figure que le Sénat et le peuple supportent mal le joug d'un débauché. Il voit, dans les soldats qu'il a commandés et qu'il ne commande plus, les instruments de la toute-puissance, et il oublie que ces soldats sont vendus à leur jouissance avant d'être fidèles à leurs souvenirs. Il convoque le peuple et l'armée. Il accuse devant eux Maxence, stupéfait; que dis-je! Il cherche de ses propres mains à lui arracher la pourpre impériale. Maxence se débat, se précipite au milieu des soldats qui le couvrent de leurs corps, et Maximien se hâte de

1. Lactantii. De mortibus Persecutorum, § XXVI.

quitter Rome, la honte et la rage dans le cœur[1].

C'est ici que, suivant d'éminents archéologues, pourraient se placer les scènes de vengeance dont notre statue d'Hercule porte les marques[2] : mais ne peut-on pas répondre aussitôt que la tentative de Maximien, si extraordinaire qu'elle paraisse, devait avoir, soit dans l'opinion du Sénat, soit dans l'opinion du peuple, quelques éléments de succès? que dès lors les passions ne devaient pas être surexcitées au point de justifier les plus honteuses violences? Quelqu'irrités qu'ils fussent, les soldats auraient joué un rôle bien singulier, en abattant et mutilant les statues de leur ancien général, du père de l'empereur. S'ils n'avaient pas pu dominer leur fureur, ils l'auraient tué sur place, et tout au contraire, ne voit-on pas qu'ils le chassent de Rome, qu'ils s'en débarrassent pour continuer avec leur Auguste une vie d'oisiveté et de plaisirs? Maxence lui-même pouvait-il se croire assez puissant pour rompre à jamais avec son père, soit par un meurtre qui lui aurait fait perdre cette popularité de piété filiale qui était une partie de sa force, soit par des actes qui, dans Rome elle-même, auraient peut-être compromis un succès si inattendu? et en effet, toujours en campagne et toujours en fuite, toujours chassé et toujours battu, Maximien,

1. Lactantii. De mortibus Persecutorum, § XXVIII.

2. Compte-rendu des séances de l'Académie des Inscript. et Belles-Lettres, t. II, p. 102 et 103.

sans grande autorité, n'en conservait pas moins une grande situation. A l'instant même où il venait de faire acte d'ennemi, on pouvait compter sur des retours d'alliance sincère et utile. Cela est si vrai que Maximien Herculius lui-même, lorsqu'il sentit le coup destiné à son fils retomber sur sa tête, lorsqu'il vit sa tentative déjouée par une explosion de clameurs, essaya de tourner le drame en sa faveur. Il déclara qu'il avait simplement voulu mettre à l'épreuve le dévouement des soldats. On ne le crut pas : mais nombre de gens soupçonnèrent que cette scène avait été une comédie concertée avec Maxence lui-même et destinée à favoriser les intrigues de Maximien contre les autres empereurs, leurs adversaires communs[1]. Un tel soupçon n'aurait pas été accepté par les auteurs contemporains, si Maxence avait fait abattre les statues de Maximien Herculius, et d'ailleurs, ne savons-nous pas que Maxence respecta toujours la fortune ou la mémoire d'un père qu'il détestait peut-être dans le secret de son cœur mais que la politique lui interdisait de poursuivre officiellement? Lorsque Maximien se fut étranglé, Maxence affecta une grande douleur et ordonna l'apothéose de Maximien Herculius. Voila, ce me semble, des indices et, pour ainsi dire, une preuve des sentiments et de la conduite que dut avoir et tenir Maxence après la téntative avortée de 306.

---

1. Lact. De mort. Persecut. § XLIII.

Ce n'est pas Maxence, c'est Constantin qui fit renverser les statues de Maximien Herculius. Lactance rapporte que ce prince fit même abattre les groupes ou détruire les tableaux dans lesquels son beau-père était représenté avec Dioclétien[1]. Eusèbe, dans la vie de Constantin, répète que Maximien mourut d'une mort infâme et que Constantin fit partout abattre ses statues[2]. La situation morale de Rome, après la bataille du pont Milvius et au moment de l'entrée triomphale de Constantin, expliquerait un peu mieux les mutilations d'une statue d'Hercule que cette situation au moment de la déposition avortée de Maxence. La lutte commençait à s'engager entre les anciens dieux et le Dieu des chrétiens, et, s'il est vrai, comme l'affirme Eusèbe, que Constantin s'érigea à lui-même une statue avec une croix à la main[3], il est plus naturel de penser qu'on renversa la statue d'Hercule, patron de Maximien ; mais cette hypothèse me paraît, à vrai dire, tout à fait invraisemblable. Cent ans nous séparent encore du moment où la première

1. Lact. De mort. Persecut. § XLII.

2. Euseb. Vita Constant. liv. I, ch. XLVII. — M. de Witte, dans son Discours lu au Capitole, p. 212, cite un passage d'Eusèbe. Hist. Eccles. l. IX, ch. XI, qui n'a aucun rapport avec Maximien Herculius et qui a trait à Maximin. Que les statues de Maximin aient été brisées et renversées, peu importe, Maximin ne passant pas pour avoir pris le patronage et les attributs d'Hercule.

3. Euseb. Vita Constant. liv. I, ch. XL.

statue d'un faux dieu tombera dans Rome, et s'il est vrai que l'Hercule Mastaï représente Hercule et non pas Maximien, comment Constantin, dont quelques monnaies reproduisent le type d'Hercule, aurait-il fait abattre un colosse représentant Hercule lui-même tenant les pommes des Hespérides[1]?

Et maintenant, embrassons d'un seul regard tous les siècles que nous venons de parcourir; citons les Hercules impériaux et les empereurs Herculiens: Néron, Domitien, Commode, Posthume, Probus, Maximien, et, si l'on veut expliquer la mutilation et l'enfouissement de l'Hercule Mastaï par des raisons de politique ou par un coup de vengeance populaire, répétons que la chute de Commode est le seul moment de l'histoire romaine où les solutions contradictoires que semble nous imposer l'Hercule Mastaï peuvent se concilier avec une certaine vraisemblance.

IV.

Reste une dernière hypothèse que d'illustres savants ont trop promptement écartée. On laisse de côté la question de style et de date, et ne considérant que les circonstances au milieu desquelles notre statue a été découverte, on dit : « Peu importe » que la statue d'Hercule soit du temps de Pompée,

1. Cohen. Descript. des médailles impériales, Constantin. T. VI, n° 327.

» de Commode ou de Maximien Herculius. Elle a
» été abattue et mutilée par des chrétiens, puis
» recueillie et cachée par des payens, soit dans
» l'espérance de la relever, soit dans le but d'en
» tirer profit. L'occasion a manqué et la statue
» d'Hercule a dormi des siècles dans son lit de
» mortier. » Autour de cette conjecture se
groupent mille souvenirs. Faut-il rappeler le pillage des temples payens ordonné ou toléré en
Orient par Constantin pour embellir et orner sa
nouvelle capitale, et, bientôt après, la destruction
des statues consacrées par un culte séculaire à
d'antiques superstitions[1]? A Apamée, saint Marcel
entraîne une bande de gladiateurs et renverse le
temple et la statue de Jupiter[2]. A Alexandrie,
l'évêque Théophile, après un sanglant combat,
pénètre dans le Sérapeum, une des merveilles du
monde payen, et fait briser à coups de haches le
grand, le redoutable Sérapis[3]. A Gaza, Porphyre
attaque le temple de Marnas. Les prêtres opposent
une vigoureuse défense. Ils enlèvent l'idole de
Marnas et la cachent dans les parties souterraines
et secrètes de l'édifice[4]. En Afrique comme en
Orient, des luttes sanglantes signalent la chute des

1. Euseb. Vita Constantini, liv. III, ch. LIV, LV et LVI.
2. Theodoret, Hist. eccl., liv. V, ch. 21.
3. Theodoret, id., liv. V, ch. 22.
4. Acta Sanctorum. 26 feb. p. 652. § 41 et 42.—Vreschow,
Haumœ 1773. Temtamen descriptionis codicum veterum
aliquot Græcorum novi Fœderis manuscriptorum.

idoles. A Suffete, par exemple, le renversement d'une statue dorée d'Hercule provoque une émeute où soixante chrétiens perdent la vie[1]. « *Simulacra* » *si qua etiamnunc in templis fanisque consistunt* » *et quæ alicubi ritu vel acceperint vel accipiunt* » *paganorum suis sedibus evellentur,* » dit Honorius en 408[2], et saint Augustin s'écrie « Quant » aux idoles et aux puissances de ce siècle, on les » détruit, on les brise, on les brûle, on les » cache[3], » et un passage du livre *de Promissionibus* confirme les déclarations de saint Augustin[4].

La question se pose donc en ces termes. Au commencement du cinquième siècle, quelle était à Rome la situation des temples et des idoles? La ruine du paganisme s'accomplit à Rome dans toute l'horreur d'un morne silence. Gratien l'avait décrétée en confisquant les biens des temples et en supprimant l'entretien des pontifes et les dépenses des sacrifices. Les temples étaient fermés et non détruits. Les idoles n'étaient plus honorées et la plupart restaient debout. Si Rome avait été le témoin des luttes qui firent tomber en mille morceaux le Jupiter d'Apamée, le Sérapis d'Alexandrie et l'Hercule de Suffete, l'histoire nous l'eût signalé.

---

1. Sancti August. Opera omnia. T. II, p. 116.
2. Cod. Theod. liv. XVI, tit. X, XIX.
3. Sancti August. Opera omnia, t. II, p. 67.
4. Incerte auctoris Liber De Promissionibus, Lib. III, cap. 38, 5. Sancti Prosperi Aquitani Opera omnia. Parisiis, 1711, in-folio.

Si des chrétiens s'étaient livrés à un coup de vengeance religieuse, ils l'auraient poussé jusqu'aux dernières extrémités et, au lieu de souiller, ils auraient brisé pour jamais la statue du faux dieu. Parlant du premier siége de Rome en 408, par Alaric, Zozime dit : « Ces simulacres, consacrés par des céré- » monies religieuses, avaient été ornés convenable- » ment afin que le bonheur public fût assuré. Les rites » étaient abolis. Ces statues restaient sans puis- » sance. Il fallait que tout ce qui était propre à » faciliter la ruine de Rome arrivât. On ne se » contenta pas de ravir aux statues leurs orne- » ments. On fit fondre celles qui étaient d'or ou » d'argent[1]. » Il ne reste donc plus qu'à cher- cher et à trouver une situation qui puisse, dans ces années où le paganisme se mourait de langueur et d'inanition, se prêter à des explosions de haine, et cette situation répond au pillage de Rome par Alaric, en 410.

Il faut d'abord rappeler que les Goths étaient ariens, qu'ils avaient renversé à Athènes l'autel de Minerve et abattu les divinités de la Grèce. Comment n'auraient-ils pas renouvelé à Rome, la capitale du paganisme, leur œuvre de destruction? Ne les vit-on pas, ces barbares tout à l'heure enivrés de carnage, s'arrêter respectueusement à la porte des basiliques chrétiennes où leurs ennemis s'entassaient dans la folie du désespoir?

1. Zozime, IX. 6.

Si les Romains, en 408, osèrent, pour se racheter, porter la main sur les statues de dieux inutiles, comment les Goths, en 410, n'auraient-ils pas porté la hache sur des idoles précieuses et détestées? Ils aperçoivent une statue dorée d'Hercule. Ils la croient d'or pur. Ils l'abattent; et comme cette statue n'est que du bronze, ils la dédaignent et l'abandonnent! Renversée, mutilée, délaissée, dix personnes se trouvent aussitôt pour la recueillir et la cacher. La piété ou l'intérêt nous conserve l'Hercule Mastaï, et voilà son histoire refaite assez naturellement.

La prise et le pillage de Rome souleva dans l'orient et dans l'occident un long cri de douleur. Les payens se hâtèrent d'en rejeter sur les chrétiens la responsabilité et l'horreur. Aux imprécations des uns répondirent les lamentations des autres, mais ces lamentations étaient-elles bien sincères? Qu'on relise les premiers livres de la *Cité de Dieu* et l'on sentira que, dans la ruine de Rome, saint Augustin ne voit autre chose que le triomphe du Christ![1] Un nouveau magistrat avait permis aux payens de Carthage de redorer une statue d'Hercule. Les chrétiens indignés interrompent saint Augustin au milieu d'un sermon. Ils demandent qu'Hercule et les autres dieux ne soient plus honorés à Carthage puisqu'ils ne le sont plus à Rome. Saint Augustin répond à ses

1. S. Aug. Civ. Dei. Liv. I, ch. XXXIII.

auditeurs par des encouragements et constate que Dieu a laissé s'accomplir à Rome la destruction de l'idolâtrie[1]. C'est donc aux environs de 408 et de 410 qu'Honorius, par un édit, et Alaric, par le pillage, portèrent au paganisme le coup mortel. C'est au même moment qu'ils frappèrent l'idolâtrie dans cette Rome que le monde antique considérait comme son sanctuaire inviolable. C'est un peu plus tard que les vœux des chrétiens d'Afrique furent exaucés, puisque, dans un passage de la *Cité de Dieu*, saint Augustin dit que Gaudentius et Jovius, intendants des largesses de l'empereur Honorius, ruinèrent à Carthage les temples des faux dieux et brisèrent leurs idoles[2].

Telles sont les réflexions que m'ont suggérées l'étude de l'Hercule Mastaï et l'examen approfondi des conjectures auxquelles ce monument a donné naissance. De César à Honorius l'histoire du culte d'Hercule dans la Rome impériale ne fournit, ce me semble, que deux situations où les circonstances mystérieuses et à jamais mystérieuses qui entourent la découverte de notre statue puissent trouver une explication raisonnable : je veux parler de la révolution qui suivit la mort de Com-

1. Tillemont. Mém. T. XIII, p. 320. — Sancti Aug. opera omnia. Parisiis, MDCC. T. V, p. 132.
2. S. Aug. Civ. Dei. Liv. XVIII, ch. LIV.

mode et du sac de Rome par Alaric. Je préfère la première hypothèse, mais je ne dédaigne pas la seconde, et je laisse au temps, qui confond souvent les plus sincères efforts, le soin d'établir la vérité.

www.ingramcontent.com/pod-product-compliance
Lightning Source LLC
LaVergne TN
LVHW012052030726
842523LV00002B/495